AF247666

LA FRANCE

AU NORD DE L'AFRIQUE

ÉTUDE

SUR LA

QUESTION ALGÉRIENNE

PAR

A. THOMAS

ALGER

IMPRIMERIE F. CASABIANCA

Rue du Commerce, 7

1884

LA FRANCE

AU NORD DE L'AFRIQUE

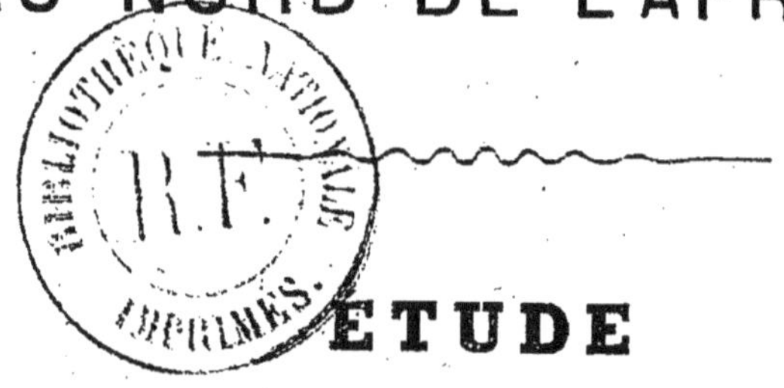

ÉTUDE

SUR LA

QUESTION ALGÉRIENNE

PAR

A. THOMAS

ALGER

IMPRIMERIE F. CASABIANCA

Rue du Commerce, 7

1881

LA FRANCE
AU NORD DE L'AFRIQUE

ÉTUDE
SUR LA QUESTION ALGÉRIENNE

L'Algérie au point de vue politique.

Les nations comme les individus peuvent parfois s'engager dans des entreprises dont les limites paraissent parfaitement déterminées, sans qu'il soit possible, cependant, de prévoir par quel enchaînement de circonstance le but sera de beaucoup dépassé.

Lorsqu'en 1830 l'armée française débarquait à Sidi-Ferruch et d'un revers de main, pour ainsi dire, détruisait la piraterie, rendait à la liberté les esclaves enfermés dans les bagnes des côtes barbaresques, établissait la sécurité sur les eaux de la Méditerranée, affranchissait l'Europe du honteux tribut qu'elle payait à la barbarie ; si grande et en même temps si chevaleresque que fût cette entreprise, nul n'eût pu prédire, alors, quel rôle bien plus considérable encore, la France était appelée à remplir, par la suite, au Nord de l'Afrique.

Pour assurer les résultats de notre expédition nous avons dû conquérir pas à pas tout le territoire de la régence d'Alger, et lutter sans trêve pendant vingt ans, contre un ennemi fanatique, au tempérament belliqueux, soumis aujourd'hui, mais prêt à se soulever demain, si les circonstances lui paraissent favorables pour *faire parler la poudre*.

Pendant les dix dernières années qui viennent de s'écouler, nous avons eu à réprimer l'insurrection formidable de 1871, celle de l'Aurès en 1879, et enfin, aujourd'hui, le Sud Oranais est témoin d'un nouveau soulèvement dont la répression n'est pas sans présenter de sérieuses difficultés.

Hier encore, pour ainsi dire, il semblait que notre action dût se renfermer dans les limites du pays conquis.

Cependant, un concours de circonstances résultant de cette logique des faits à laquelle il faut toujours obéir, a conduit notre armée en Tunisie, et, dès à présent, on peut prévoir le moment où le golfe de Gabès formera à l'Est de la côte africaine, la limite réelle et définitive du territoire français au Nord de l'Afrique.

D'un autre côté, qui pourrait méconnaître que ce

même besoin de posséder des frontières naturelles et non de convention, nous conduira avant qu'il soit longtemps à nous étendre, à l'Ouest, jusqu'à la vallée de la Moulaïa ; d'être maîtres d'un pays où l'autorité de l'Empereur du Maroc est méconnue, et qui sert de refuge aux coupeurs de routes et aux tribus insoumises. C'est là, un évènement qui doit fatalement se produire, car nous ne devons pas plus supporter les incursions des bandits marocains, que celles des bandits tunisiens. La question marocaine naîtra à un moment donné (N'est-elle pas née déjà ?) comme est née la question tunisienne. Les mêmes causes produiront les mêmes effets.

Aucune puissance européenne ne pourrait songer à nous contester sérieusement le droit de nous établir ainsi, et de consolider notre sécurité intérieure.

L'action civilisatrice de la France s'affirme depuis un demi-siècle dans une contrée qui n'était qu'un foyer d'ignorance et de barbarie. Nous en avons ouvert les portes à l'agriculture, au commerce, à l'industrie ; il est juste, il est indispensable que nous en retirions le fruit et que notre installation politique soit complète et s'effectue dans des conditions rationnelles.

Tel est le cadre dans lequel doit s'exercer l'action de l'une des trois nations latines appelées, en raison de leur position géographique, à jouer un rôle prépondérant au Sud de la Méditerranée. L'Espagne et l'Italie auraient tort d'appréhender notre marche en avant et notre établissement définitif dans les limites que nous venons d'indiquer. Nous leur traçons la voie à suivre et leur indiquons la politique d'intérêt commun dans laquelle elles devraient s'engager avec la France. Elles ne doivent pas perdre de vue que plus cette dernière puissance sera forte et solidement installée au Nord de l'Afrique, plus leur sera facile l'accomplissement de la tâche qui leur est propre, et qu'elles ont à entreprendre à ses côtés.

Nous n'irons pas plus loin dans cette esquisse à grands traits du côté politique de la question algérienne. Cette entrée en matière était cependant indispensable pour bien faire saisir toute l'importance que l'on doit attacher à l'étude des questions économiques que nous allons aborder, et dont la solution peut seule permettre de résoudre le problème du développement de la puissance politique, agricole, commerciale et industrielle de la France, au delà de cette Méditerranée devenue pour le moment l'axe de la politique européenne.

Nous sommes en présence d'une œuvre de progrès et de civilisation commencée il y a plus de 50 ans, et qui, il faut bien l'avouer, n'est encore qu'à peine ébauchée. Il convient d'en poursuivre vigoureusement l'achèvement, et avec un peu plus de méthode qu'on ne l'a fait jusqu'à présent ; il convient aujourd'hui d'envisager froidement ce que nous voulons et pouvons faire dans ce pays, dont la prise de possession ne saurait être complète qu'autant que nous aurons accompli sa tranformation et légitimé ainsi notre action politique.

L'Algérie au point de vue économique

I

Si l'Algérie était une possession lointaine, on pourrait la considérer comme une colonie d'une médiocre importance. Située en face de la métropole et seulement à trente heures de distance, elle ne peut être envisagée que comme un prolongement de la France. C'est là qu'est son avenir véritable, et c'est à ce point de vue qu'il faut se placer pour étudier ce qu'il convient de faire dans ce pays pour le conduire rapidement vers ses destinées.

Nous laisserons donc de côté ces vaines théories émises si souvent et puisées dans l'étude des procédés de colonisation suivis par d'autres nations dans l'ancien et le nouveau monde, sans tenir compte que ces procédés qui ont pu produire d'excellents résultats là où ils ont été employés, sont inapplicables en Algérie, où des conditions toutes particulières existent, soit en ce qui concerne la nature du pays lui-même, soit en ce qui concerne les populations qui l'occupaient au moment de la conquête.

Nous n'avons en Algérie ni les grands espaces sans limites, pour ainsi dire, ni les grands fleuves, ni les immenses forêts, ni une population sauvage qu'il faut détruire ou refouler. La région Tellienne, c'est-à-dire le pays de culture, le seul où l'Européen puisse s'établir, n'offre guère qu'une superficie de 16 millions d'hectares de terres cultivables occupées par une population industrielle et agricole très dense, comme en Kabylie (1); ou simplement agricole et très clair-semée partout ailleurs où l'on ne rencontre pas l'élément berbère.

Au delà, sont les oasis et les pays de parcours; ces derniers, séjour des nomades grands éleveurs de troupeaux et formant une population indisciplinée, remuante par état. La colonisation, dans cette région, est réservée pour des temps fort éloignés encore, et dont la durée ne saurait être mesurée.

Nous nous trouvons donc, en ce qui concerne la région Tellienne et que nous nommerons zone de colonisation, en présence d'un peuple superstitieux, ignorant, barbare encore, il est vrai, dont les procédés de culture sont absolument primitifs; peuple producteur cependant, vivant plus ou moins bien de son travail et payant l'impôt.

On ne peut songer à détruire, ni même à refouler, une population qui produit. C'est au contraire une force

---

(1) Dans la grande Kabylie, la densité de la population est telle que, dans certaines communes mixtes, elle peut être comparée à celle de l'arrondissement le plus peuplé du département du Nord.

qu'il faut savoir utiliser. Quels que soient les inconvénients que présente le caractère de la race arabe, l'indigène est et demeurera un instrument indispensable dont nous nous servons chaque jour, et sans le concours duquel l'œuvre de la colonisation serait impossible. L'outil est défectueux, nous le savons bien, mais nous serions fort embarrassés s'il venait à nous manquer. La véritable sagesse ne consiste pas à le détruire ou à l'éloigner de nous ; elle consiste à l'améliorer et à le rendre maniable à notre main.

Cette population, tant qu'elle demeurera livrée à elle-même, et n'aura guère d'autres rapports que ceux de tribu à tribu, continuera à végéter et à croupir dans son ignorance. Oisive les trois quarts du temps, et soumise à l'influence de ses marabouts habiles à exploiter son fanatisme, elle constitue un danger permanent.

L'insurrection de 1871 qui mit notre possession à deux doigts de sa perte, forme dans les annales de l'Algérie, une page contenant de graves enseignements, que viennent compléter l'insurrection de l'Aurès, celle du Sud Oranais, ainsi que l'agitation qui existe actuellement de l'Est à l'Ouest du pays. Le retour si fréquent et presque périodique de tels événements, indique suffisamment que pour éviter de recommencer continuellement et par fractions la conquête de l'Algérie, il ne suffit pas d'avoir 60,000 hommes sous les armes. C'est par d'autres moyens que cette conquête peut être assurée.

60,000 hommes pour protéger la vie et les biens de

350,000 européens : cela représente un soldat pour six colons et démontre qu'après plus de 50 années d'occupation, et malgré toutes les ressources qu'elle peut offrir, l'Algérie demeure une cause de faiblesse pour la France.

Tel est le point où nous en sommes après les immenses sacrifices en hommes et en argent que s'est imposés la mère-patrie.

Un tel résultat est dû surtout à l'impéritie du gouvernement impérial qui rêvait de royaume arabe et considérait l'Algérie comme un champ de manœuvres. Cette misérable utopie, ce déplorable système, furent une véritable atteinte à l'œuvre de civilisation entreprise, et ne pouvaient avoir pour effet, que d'immobiliser dans son ignorance toute une population, et d'entretenir son esprit réfractaire, fanatique et belliqueux ; alors que la véritable tâche devait tendre à la transformation des hommes et des choses de ce pays.

II

La transformation de l'indigène, de cette race vigoureuse, qui se présente devant nous tout à la fois comme un danger et comme un instrument utile à nos projets, quelque chose comme une arme à deux tranchants, cette transformation, disons-nous, ne peut être que la conséquence lente sans doute, mais forcée, de l'œuvre de la colonisation ; de la mise en valeur du territoire de ces nouveaux départements français dont le peuplement au moyen d'un fort contingent de population française et européenne, s'impose aussi bien au point de vue politique, qu'au point de vue économique.

La solution du problème n'est pas ailleurs, et nous avons à examiner si l'introduction de cet élément civilisateur, l'installation d'une grande force productive de laquelle dérivera la véritable force défensive, peut s'opérer sans apporter un trouble profond dans l'existence des populations au milieu desquelles nos intérêts et notre sécurité nous commandent de pénétrer et de nous établir solidement.

La population Kabyle ou Berbère, nous l'avons dit, est industrielle et agricole, en même temps que fort laborieuse ; elle vit sur des espaces restreints, dans les parties montagneuses, et, à part les vallées de l'oued Sahel, de l'oued Sebaou, etc., qu'il convient que nous occupions fortement, il reste peu de place au milieu d'elle pour y créer de nouveaux centres d'activité et de travail.

Il n'en est pas de même pour la population arabe proprement dite occupant la région Tellienne et que l'on peut évaluer à 1 million d'âmes. Répandue, ou plutôt disséminée sur une surface d'environ 10 millions d'hectares, elle occupe, en moyenne 10 hectares par individu. C'est-à-dire qu'elle a du superflu et que ce superflu peut et doit être livré à la culture européenne.

L'espace ne manque donc pas pour procéder sans difficultés réelles, à la création des nombreux centres agricoles nécessaires pour l'installation successive et aussi rapide que possible de 100,000 familles françaises et européennes devant, chacune, occuper en moyenne 30 hectares ; soit une superficie totale de 3 millions d'hectares.

Cette surface est encore loin de représenter le superflu que l'indigène ne sait et ne peut utiliser ; mais elle est suffisante pour la réalisation de nos projets, de ce mouvement de pénétration que nous devons entreprendre. L'exécution de ce programme appartient à l'Administration supérieure dont l'initiative ouvrira les voies à l'initiative individuelle qui trouvera encore de l'espace devant elle.

Quant à l'indigène qui laisse en friche une partie de cette terre que nous avons si chèrement acquise, il faut qu'il cesse de promener sa charrue autour de la broussaille et du palmier nain. Avec moins d'espace à sa disposition, et au contact et à l'exemple de l'Européen, il arrachera et fera disparaître ces parasites qui recouvrent généralement des terres de très bonne qualité. En outre, ce voisinage sera une école auprès de laquelle il apprendra à modifier ses procédés de culture, et à obtenir de la terre qu'il travaille, un produit bien supérieur à celui que peuvent lui donner les moyens primitifs en usage chez lui.

III

Nous nous sommes appliqué à mettre en évidence les raisons multiples qui imposent au Gouvernement français d'entreprendre le peuplement et la mise en valeur rapide du territoire algérien. Aux considérations que nous avons développées et qui se rattachent à notre sécurité et à l'assimilation de la race arabe, viennent se joindre celles d'ordre purement économique non moins importantes, et qui suffiraient à elles seules pour motiver cette mise en valeur et nous commander de prendre les mesures qui doivent nous conduire à une forte occupation du sol et faire de l'Algérie un grand pays de production.

La zone de colonisation dont nous avons plus haut indiqué l'étendue est généralement composée de terres cultivables et fécondes, sur lesquelles peuvent être entreprises toutes les cultures des pays à climat tempéré, aussi bien que les cultures des pays chauds. Ces avantages viennent compléter d'une manière remarquable la situation toute particulière que possède la France qui, en raison de son exposition et de son climat, est arrivée à une variété de production qui n'a pas son égale dans aucun autre pays de l'Europe.

A cette contrée qui fut autrefois le grenier d'abondence de Rome, il appartient au génie français de rendre son ancienne fertilité, et de faire disparaître les traces profondes de dévastation imprimées pendant une série de siècles par l'ignorance et la barbarie.

La tâche est grande et non sans difficultés. Toutefois pour celui qui pendant de longues années a suivi la marche de la colonisation dans ce pays, ces difficultés sont loin d'être insurmontables et les résultats ne sauraient être douteux.

L'auteur de ce travail a vu naître, pour ainsi dire, tous les centres de création française en Algérie; il a assisté à ces pénibles périodes de luttes pendant lesquelles le colon avait à lutter contre des obstacles dus plus encore à un système de colonisation mal compris, qu'aux difficultés que devaient fatalement rencontrer les premiers arrivés dans un pays nouveau. Ces obstacles, l'intelligence et l'énergie du colon français les ont surmontés, et tel village qu'à un moment donné nous avons pu considérer comme voué à la misère et à la ruine, est devenu aujourd'hui un centre prospère, où le bien-être, certainement, est égal au bien-être de la moyenne de nos villages de France.

Ce sont là des faits dont la vérité ne peut être contestée et qui nous enseignent que l'œuvre de la colonisation, de la mise en valeur de nos nouveaux départements français peut et doit être mise à l'ordre du jour. L'heure du tâtonnement est passée ; cinquante années d'école, c'est assez, et nous devons nous considérer comme suffisamment instruits pour entreprendre, dès à présent, l'étude d'un programme de colonisation et en poursuivre énergiquement l'exécution.

La France se trouve donc en présence d'une entreprise ayant pour but d'améliorer, de compléter ce qu'elle a déjà fait et de préparer l'accès du pays à la population agricole qu'elle veut y attirer. A cette entreprise se rattache un certain nombre de questions que nous allons successivement examiner et parmi lesquelles domine celle des travaux publics : chemins de fer, routes, création de villages, irrigations.

L'exécution de ces travaux doit entraîner des dépenses considérables dont le chiffre, en y comprenant les sommes à payer pour l'acquisition des terres, atteindra peut-être un milliard de francs.

La dépense est-elle en rapport avec les résultats à obtenir en ouvrant à la France le vaste de champ de travail qu'elle a devant elle, à ses portes, et qui répond si bien, pour elle-même, à ce besoin d'extension qui se manifeste chez toutes les nations européennes ?

A cette question si grave, nous avons répondu d'avance par les considérations d'ordre politique et d'ordre économique qui précèdent. Elles doivent suffire, croyons-nous, et nous permettre d'examiner utilement quels sont les moyens financiers à employer pour procéder avec méthode à l'exécution d'un programme complet de colonisation.

IV

Nous rentrons ici dans un sujet que nous avons déjà traité à plusieurs reprises. Nous y revenons sans craindre d'être accusé de nous répéter ; car c'est par la répétition d'une vérité que l'on réussit à la faire admettre.

Le Gouvernement de la République a créé une institution financière nouvelle ; il a fondé une caisse de crédit ouverte par la France à la France elle-même, une sorte de crédit foncier pour l'État qui emprunte en vue de l'exécution des grands travaux publics ; travaux ayant pour effet de développer les richesses du pays, le bien-être général et d'augmenter, par conséquent, les revenus de l'emprunteur, qui peut ainsi payer facilement l'intérêt et l'amortissement des sommes qu'il doit au prêteur.

Nous voulons parler du 3 0/0 amortissable. Quelles que passionnées qu'aient été les critiques portées par l'esprit de parti contre cette institution et le programme de travaux publics qui s'y rattache, il faut bien reconnaître que l'une et l'autre dénotent chez ceux qui les ont conçues les véritables qualités d'homme de gouvernement, et cette hauteur de vue, cette largeur de conception que l'on ne rencontre pas toujours chez les hommes à qui les circonstances ont confié les intérêts et l'avenir d'un pays.

C'est par le 3 0/0 amortissable que cette grande question des travaux publics, en France, va se résoudre. Nous n'hésitons pas à déclarer que c'est également par le 3 0/0 amortissable que la même question, en Algérie, peut et doit être résolue d'une manière économique, rationnelle et conforme à la grande tâche que nous avons à remplir.

Les procédés financiers suivis en France, en cette matière, doivent être appliqués aussi bien dans la France nouvelle, on ne saurait le méconnaître. Quelles raisons pourraient s'y opposer? nous n'en voyons pas ; tandis qu'au contraire nous constatons que l'entreprise dont il s'agit ne pourrait s'effectuer économiquement et rapidement au moyen des crédits pris sur le budget annuel de la France. Il en serait autrement si ces crédits ne devaient avoir pour objet que de payer l'intérêt et l'amortissement des sommes à dépenser.

D'ailleurs, si nous ne nous trompons pas, il est admis déjà que le réseau des chemins de fer algériens doit être exécuté au moyen du 3 0/0 amortissable, en ce qui concerne les subventions à a accorder aux compagnies qui en auront l'entreprise. Il serait impardonnable de ne pas comprendre que l'exécution des voies ferrées entraîne forcément l'exécution, sur une grande échelle, de travaux de colonisation. C'est ce que nous examinerons plus loin et nous nous bornons, pour le moment, à faire prévoir qu'il faudra nécessairement puiser à la même source, si l'on veut procéder méthodiquement et avec un ensemble de vues qui a fait défaut jusqu'à présent.

Les entreprises hardies appartiennent aux grandes nations. Politiquement, nous avons marché et nous marchons encore résolument dans la voie que nous nous sommes ouverte depuis 1830. Au point de vue économique, nous sommes restés au-dessous de nous-mêmes. Les grandes choses ne sauraient s'accomplir par l'emploi des petits moyens ; il faut de grands crédits pour les grandes entreprises ; il faut, en un mot, ne pas faire les choses à moitié ; il faut savoir étudier un programme, et ce programme, une fois arrêté, procéder le plus rapidement possible à son exécution, sans hésiter à y engager le capital nécessaire et que le 3 0/0 amortissable peut nous fournir dans les meilleures conditions d'intérêt et de remboursement.

V

Nous pouvons maintenant aborder l'examen des diverses catégories de travaux publics à l'exécution desquels est subordonnée la mise en valeur du territoire algérien.

La construction du réseau de voies ferrées s'impose aussi bien au point de vue stratégique qu'au point de vue économique. Tout le monde est d'accord à cet égard, et le Parlement s'est déjà occupé du classement des diverses lignes qui doivent former une partie dudit réseau. Ce classement n'est pas à l'abri de toute critique, il s'en faut, et nous espérons bien qu'on y reviendra.

Cette question du classement est trop importante pour

qu'elle ne soit pas l'objet d'une étude spéciale demandant des développements pour lesquels le cadre de notre travail est trop étroit. Nous nous bornerons à indiquer la nécessité de réviser le travail de la Commission des chemins de fer algériens que les Chambres ont adopté sans examen suffisant.

Nous rappellerons à ce sujet les réserves qu'a cru devoir faire M. le général Greslay, alors Ministre de la Guerre, touchant la ligne de Tlemcen à Bel-Abbès-Oran ; ligne stratégique et de colonisation de premier ordre, laissée de côté pour donner la préférence à la ligne Oran-Tlemcen par Aïn-Temouchent qui ne présente qu'un intérêt départemental, c'est-à-dire de second ordre.

Le point sur lequel nous voulons pour le moment appeler tout particulièrement l'attention, c'est que les voies ferrées à construire en Algérie, sont destinées à desservir non seulement des intérêts créés, mais surtout des intérêts futurs, des intérêts à créer. Il convient donc, pour procéder d'une manière rationnelle, d'entreprendre en même temps que l'étude d'une ligne, l'étude d'un plan de colonisation sur tout son parcours. Il faut, en un mot, étudier tout à la fois le tracé et l'alimentation de la ligne à établir.

Une entreprise aussi considérable que celle de la construction du réseau algérien, serait incomplète, défectueuse, elle tendrait à créer des corps sans âmes, à laisser improductive, pendant longtemps, une partie du capital dépensé, si l'on ne procédait pas simultanément à la mise en valeur, au peuplement des territoires

traversés, en multipliant la création des centres de population destinés à protéger les chemins de fer, en même
temps qu'à les alimenter.

Il paraît presque superflu d'insister sur les avantages
que présenterait cette manière méthodique de procéder
et qu'indique le bon sens Nous voulons cependant nous
appuyer sur une démonstration.

La ligne d'Alger à Oran commencée en 1859, achevée
seulement en 1871 indépendamment d'une subvention
de 80 millions fournie à la compagnie P. L. M. qui l'ex-
ploite, coûte annuellement à l'Etat, une somme d'environ 3 millions de francs, payée à titre de garantie d'intérêts.

Cette ligne entre Affreville et Relizane, c'est-à-dire
sur un parcours de 180 kilomètres, traverse un pays
encore peu peuplé et qui possède un sol d'une richesse
remarquable ; mais où, cependant, les cultures hiverna-
les, les seules possibles actuellement, ne réussissent
guère, en moyenne, qu'une année sur cinq, par suite
des inconvénients d'un climat très sec, même en hiver.
Cette année la récolte y est absolument nulle, l'herbe des
prairies n'y a pas même poussé, les céréales ont été
grillées avant l'épiage.

On peut estimer à 20 millions de francs la perte subie
ainsi par l'agriculture dans cette contrée. Les moyens
d'irrigation qu'il est possible d'y créer, empêcheraient
non seulement le retour de pareils désastres, mais opére-
raient une transformation complète ; d'un pays pauvre
feraient un pays riche, et l'on verrait, alors, l'abondance

de la production alimenter suffisamment le trafic de la voie ferrée et faire disparaître les charges de l'Etat, en ce qui concerne le paiement de la garantie d'intérêt.

Nous avons dit que cette garantie s'élève en moyenne à 3 millions par an. Cette somme représente l'intérêt et l'amortissement d'un capital d'environ 55 millions. Il n'en faudrait guère plus de la moitié pour exécuter tous les travaux qui permettraient d'opérer la transformation du pays dont nous occupons et qui a nom « plaine du Chéliff. »

On conviendra que le sujet mérite d'être étudié. L'intérêt de l'Etat le commande et il serait temps de faire sortir des cartons de l'Administration algérienne les études et les avant-projets touchant cette question qui fut pendant un moment à l'ordre du jour et qui demeure aujourd'hui à peu près enterrée.

Nous avons démontré que l'étude et l'exécution d'un plan de colonisation doit marcher de pair avec l'étude et l'exécution d'une ligne de chemin de fer. Le même ordre d'idées doit être suivi en ce qui concerne le réseau de routes nationales dont il est nécessaire de poursuivre l'achèvement ; la facilité des transports et des communications, étant une des conditions essentielles sur lesquelles repose le développement de la richesse publique.

Quant au réseau départemental destiné à compléter le réseau général, les ressources des départements sont très faibles, et malgré les emprunts forcément limités que pourront contracter les Conseils généraux, ceux-ci seraient dans l'impossibilité de suivre l'Etat dans l'œuvre de transformation à accomplir. Il sera nécessaire de leur accorder des subventions qui leur permettront de remplir la tâche qui leur incombe et dont l'étude d'un plan général de colonisation fixera la portée.

VI

Nous passons maintenant à la question de la création des centres de population. Nous l'examinerons d'abord en ce qui concerne les travaux à exécuter, nous réservant d'y revenir plus loin pour tout ce qui a rapport au mode d'attribution des terres et au peuplement ; ces deux questions devant être chacune l'objet d'un examen particulier.

Un des principaux organes de la presse républicaine (1) dans une série d'articles publiés récemment et parlant de l'Administration algérienne, constatait que le défaut d'ordre, de méthode, se rencontre dans toutes les branches de cette Administration, *notamment dans les services des travaux de colonisation.*

Cette critique est malheureusement trop fondée, surtout en ce qui concerne la création des centres. On procède à l'installation d'une population avant que l'assiette du village soit établie ; les rues sont à peine tracées, les

---

(1) Le journal *La République Française.*

eaux d'alimentation manquent, les voies de communications font absolument défaut ; le transport des matériaux de construction est impossible, ou ruineux. Les denrées n'arrivent sur place qu'à un prix onéreux ; ce n'est qu'à grands frais que le cultivateur peut conduire sa récolte sur le marché, s'il n'est pas forcé de la vendre sur place à 25 ou 30 0/0 au-dessous du cours. C'est ainsi que nous avons vu vendre le blé à 20 francs le quintal, le cours étant à 31 francs ; et le vendeur rachetant ce blé réduit en farine, à raison de 60 francs les 100 kilos.

Telles sont les conditions que rencontre le plus souvent les colons qui viennent s'établir en Algérie. Elles ont motivé le départ d'un grand nombre d'eux ; on ne l'ignore pas, et pourtant on suit encore aujourd'hui les mêmes errements ; nous le voyons à Azazga, à Azeffoun, Tigzirt et ailleurs, et ce sont cependant des créations du programme de 1881.

Nous savons bien que ces villages seront prospères un jour, car leur emplacement est bien choisi, les terres y sont bonnes. Toutefois, cela ne pourra être qu'après qu'ils auront été pourvus des moyens de communication qui leur manquent, et qui sont en projet, ou dont l'exécution est déjà commencée. Mais, en attendant leur achèvement qui demandera 2 ou 3 ans, peut-être plus, ainsi que nous l'avons vu sur d'autres points, les difficultés présentes auront produit la ruine, le découragement ; les villages se dépeupleront en partie, et pour un colon qui s'en va, combien d'autres seront empêchés de venir ; car celui-là, en rentrant dans son pays, ne tracera pas une image bien séduisante du sort qui attend le cultivateur français se rendant en Algérie.

Il faut absolument abandonner de tels procédés. Le peuplement d'un centre ne doit avoir lieu qu'autant que les conditions de réussite sont complètes. Les programmes annuels de colonisation ne doivent comprendre qu'un nombre de centres en rapport avec les moyens que le budget de la colonisation met entre les mains de l'Administration. Il vaut mieux faire peu et faire bien, jusqu'au moment où l'Etat entrant dans une voie plus large, accordera les crédits nécessaires pour l'exécution d'un programme beaucoup plus ample et répondant aux nécessités d'un peuplement rapide.

Le Parlement, en votant la loi qui autorise un emprunt à la Caisse des dépôts et consignations, d'une somme de 50 millions destinée à l'acquisition de terres et à la création de centres agricoles, a fait un premier pas dans cette voie. Cette somme, pourtant, n'est pas en rapport avec l'étendue du programme à remplir. Elle suffira à peine aux acquisitions de terrains, et devra être exclusivement réservée pour cet objet, et recevoir un emploi presqu'immédiat. Nous reviendrons plus loin sur ce sujet, pour ne pas interrompre la question des travaux publics dont nous poursuivons l'examen.

C'est donc ailleurs qu'à la Caisse des dépôts et consignations qu'il faudra prendre les crédits nécessaires pour les travaux se rattachant à la création des centres agricoles ; c'est-à-dire l'assiette des villages, l'alimentation en eau potable, les plantations et surtout les voies de communication. Ces travaux, nous le répétons, doivent être achevés avant de procéder au peuplement d'un centre. La terre à défricher et le changement de climat, ce qui n'est pas peu de chose, doivent être les seuls inconvénients à surmonter par le colon qui vient s'établir en Algérie. Il faut lui rendre la tâche moins rude en lui donnant les facilités résultant d'une bonne installation ; facilités qui, le plus souvent, ont fait défaut, au plus grand préjudice de l'individu lui-même et des intérêts que nous nous sommes créés au Nord de l'Afrique.

Ces intérêts, il y a longtemps que nous les compromettons faute de méthode dans le travail que nous avons entrepris. Les affaires de la France sont conduites, en Algérie, en dépit des plus simples notions de l'économie. Nous avons fait ressortir combien cette absence de méthode était préjudiciable en ce qui concerne la construction des voies ferrées et la création des centres de population. La question de l'aménagement des eaux d'irrigation que nous allons aborder, nous fournira l'occasion de démontrer que, pour cette branche si importante de travaux publics dont l'exécution s'impose, les procédés les plus anti-économiques sont également suivis.

VII

Sous un climat chaud et dans un pays soumis régulièrement à une sécheresse de 5 mois de durée, la question des irrigations prend une importance toute particulière et se place au rang de celles qu'il faut s'efforcer de résoudre. Si cette théorie avait besoin d'être soutenue, nous trouverions un appui dans les résultats presque merveilleux obtenus en Algérie, partout où des moyens d'arrosage ont été créés.

Les arrosages d'été permettent de créer des prairies artificielles, des luzernières, produisant de 6 à 7 coupes par an ; ils donnent la facilité d'entreprendre les cultures estivales les plus variées et assurent l'existence des arbres fruitiers. Les arrosages d'hiver sont indispensables dans certaines contrées, comme dans la plaine du Chéliff, dont nous avons déjà parlé.

L'abondance et la variété des produits, la régularité du rendement, la population agricole qui se condense sur les points où l'on peut recueillir beaucoup sur peu d'espace, une plus-value considérable de la valeur du sol ; tels sont les résultats que l'on constate sur les territoires, malheureusement encore peu nombreux, possédant des eaux d'irrigation.

Nous ajouterons que partout où des canaux d'irrigation ont été établis, des chutes d'eau ont été ménagées et ont procuré des forces motrices que l'industrie a immédiatement utilisées.

Les grandes plaines du littoral et les vallées qui aboutissent à la mer sont traversées par des rivières dont les eaux emmagasinées ou dérivées, permettraient de créer des moyens d'irrigation généralement très puissants. Elles présentent dans leur ensemble une superficie d'environ 700,000 hectares pouvant ainsi être dotés de cet élément de fécondité d'autant plus énergique et d'autant plus précieux que la température est plus élevée et le climat plus sec.

On peut donc facilement apprécier l'importance qui s'attache à l'exécution des travaux hydrauliques ayant pour objet de dériver ou d'emmagasiner des eaux qui vont se perdre à la mer et qui, sagement aménagées, permettraient de développer au plus haut degré la puissance productive des territoires arrosés.

Dans quelles conditions ces travaux peuvent-ils être exécutés ?

Il faut absolument rejeter le procédé qui tendrait à confier ces entreprises à des sociétés industrielles exécutant les travaux et vendant les eaux aux usagers. L'intervention de ces sociétés auraient pour effet inévitable d'élever le prix de revient du mètre cube d'eau. Toute entreprise, tout capital engagé veut et doit rechercher un bénéfice qui sera payé par l'usager ou par l'État, si celui-ci fixe un maximum pour le prix de l'eau et fournit alors, aux dites sociétés, soit une garantie d'intérêt soit une subvention.

Un inconvénient non moins grave serait la création de deux intérêts opposés : celui du vendeur et celui du consommateur ; c'est-à-dire une situation mauvaise, préjudiciable au plus haut degré et dont il est facile d'entrevoir toutes les conséquences.

Quant au système que l'on a voulu essayer et qui laisserait aux associations syndicales le soin d'achever les travaux commencés par l'État, il peut convenir en France où la population est homogène, parfaitement groupée, où l'assiette de la propriété est complète. Mais en Algérie, où ces conditions n'existent pas encore, il s'en faut, ce système est inapplicable, et l'on échouerait dans toute tentative de constituer des syndicats dont le premier acte serait de contracter un emprunt.

Le seul procédé vrai, réellement pratique et qui répond le mieux à la nature des entreprises dont il s'agit, à la situation de l'agriculture dans un pays en formation, c'est, sous certaines réserves que nous allons indiquer, l'exécution au compte de l'État, et par voie d'adjudication, de l'ensemble des travaux qui permettraient d'amener les eaux en tête de la propriété de l'usager.

Toutefois, l'initiative de l'État ne doit se produire qu'autant que l'utilité de l'entreprise a été démontrée, justifiée au préalable, par des engagements contractés par les détenteurs du sol. Ces engagements doivent assurer l'emploi des eaux d'irrigation, ainsi que le paiement des taxes fixées. Le montant total des taxes doit fournir un revenu suffisant pour couvrir les frais d'exploitation des associations syndicales et garantir le remboursement, par annuités, d'une partie des sommes dépensées pour l'exécution des travaux et reconnues comme devant être laissées à la charge desdites associations.

La réunion de ces deux conditions permet d'apprécier l'urgence de l'entreprise et de mesurer l'importance des résultats à obtenir. Il ne faut pas demander plus. La taxe des eaux dont le recouvrement est rendu si facile par les dispositions de la loi du 21 juin 1865, est la seule obligation que puisse contracter les populations agricoles appelées à jouir du bénéfice des eaux d'irrigation. Ces populations ne seront pas sans avoir de grands efforts à faire pour modifier le mode d'exploitation de leurs terres et accomplir cette transformation qui nécessitera des dépenses et un fort appel de bras.

Ce sont là des difficultés dont il faut tenir compte, et nous devons considérer qu'il serait désirable de rencontrer chaque zone d'irrigation en état de prendre, dans la mesure que nous avons dite, l'initiative qui lui appartient et forme la condition essentielle pouvant seule déterminer l'initiative de l'État.

Jusqu'à présent, à part le barrage-réservoir de l'Habra exécuté par une société concessionnaire de 24,000 hectares, tous les travaux d'aménagement des eaux d'irrigation ont été faits par l'État. Les plus remarquables sont le barrage-réservoir du Hamiz et le barrage-déversoir du Chéliff. Nous allons dire quelques mots au sujet de ces deux entreprises et formuler nos critiques touchant la manière dont elles ont été conduites au point de vue économique.

Nous avions toujours pensé que dans un pays où les eaux d'irrigation ont une si grande valeur, et lorsque l'on entreprend de les emmagasiner au moyen de travaux gigantesques demandant l'emploi de sommes considérables, il convenait de prendre les mesures nécessaires pour que ces eaux soient livrées à l'agriculture aussitôt ces travaux achevés. C'est-à-dire que l'achèvement d'un réservoir doit coïncider avec l'achèvement du réseau de canalisation destiné à répandre les dites eaux sur la surface arrosable.

Ici, on procède autrement ; c'est après l'achèvement d'un réservoir que l'on entreprend la construction des canaux. Les travaux de barrage du Hamiz (1) commencés en 1868, interrompus en 1870, repris en 1874 sont terminés depuis deux ans, et c'est depuis l'année dernière seulement que l'on a entrepris la canalisation. La façon dont cette seconde partie des travaux est conduite ne permet pas d'espérer voir les eaux parcourir en entier la zone d'irrigation avant 7 à 8 ans.

Pendant cette seconde période, les deux millions de francs dépensés pour la construction du réservoir resteront immobilisés et sans fruit. On aura à supporter sans compensation aucune, des frais d'entretien. Il faudra laisser s'écouler le volume d'eau utilisable (11 millions de mètres cubes) que l'on peut emmagasiner chaque année, et qui, au prix de la taxe acceptée par les futurs usagers, représente une valeur annuelle de 165,000 francs. Enfin, l'agriculture soumise à un nouveau supplice de Tantale continuera à voir s'éloigner et se perdre cette précieuse ressource qu'elle est prête à

---

(1) Le barrage-réservoir du Hamiz est destiné à l'irrigation de la partie Est de la Mitidja et à fournir le volume d'eau nécessaire aux cultures estivales pouvant être entreprises sur un territoire de 35,000 hectares environ.

utiliser en en payant le prix, ainsi qu'il résulte des engagements formels souscrits par les intéressés (voir le rapport de M. Hardy, Inspecteur général des Ponts-et-Chaussés, en date du 6 juillet 1878). .

Les mêmes procédés ont été suivis pour l'entreprise du barrage-déversoir du Chéliff établi en amont d'Orléansville et pouvant répondre aux besoins d'un territoire de 12,000 hectares, aussi bien pour les arrosages d'été extrêmement utiles, que pour les arrosages d'hiver et de printemps indispensables dans cette contrée, ainsi que nous avons déjà eu l'occasion de le dire.

De tels procédés qui consistent à éterniser la durée des travaux, à construire à grands frais des magasins d'eau et à laisser perdre la marchandise emmagasinée, ne sauraient trouver grâce devant l'opinion publique. Le système suivi en Algérie pour l'exécution des travaux publics est ruineux ; il est indigne d'un pays puissant comme la France. Il est à désirer que le Parlement' soit mieux éclairé sur ce qui se passe ici, et qu'il pénètre un peu plus dans les détails des questions algériennes. Puisqu'il tient les cordons de la bourse, il importe qu'il se rende compte s'il n'est pas plus préjudiciable d'y puisser parcimonieusement, que d'y prendre, dans une sage mesure, ce qui est nécessaire pour la bonne conduite des entreprises dans lesquelles on s'engage.

Nous ne quitterons pas ce sujet sans signaler les conditions défectueuses dans lesquelles s'exécute le canalisation pour le barrage du Chéliff.

La prise d'eau est insuffisante ; elle n'est établie que

pour un débit de 1,500 litres, elle devait être de 3,000 litres pour répondre aux besoins de la zone d'irrigation, en ce qui concerne les arrosages d'hiver et de printemps, et la rivière peut fournir, pendant cette période, le volume d'eau nécessaire.

Quant au projet de répartition des eaux, il est inéquitable, contraire à l'intérêt général et tend à faire manquer, en partie, le but que l'on s'est proposé en construisant le barrage-déversoir ; c'est-à-dire d'irriguer une zone de 12,000 hectares. On se propose d'attribuer à la rive gauche de cette zone dont la superficie arrosable est de 2,500 hectares seulement, les 7/15es de volume d'eau disponible ; alors que la rive droite qui présente une surface arrosable de 9,000 hectares, ne recevrait que les 8/15es.

Nous appelons sur ce sujet l'attention du Député qui représente la circonscription dont dépend Orléansville. Il devra demander à M. le Ministre des Travaux publics qu'il soit fait une enquête dont les résultats, en même temps que fort instructifs, devront avoir pour effet de ne pas laisser poursuivre la voie préjudiciable dans laquelle on s'est engagé, et d'apporter, pendant qu'il en est temps encore, des modifications aux dispositions prises.

Il est encore un point sur lequel il est nécessaire d'appeler l'attention du Ministre des Travaux publics et du Parlement. C'est l'utilité d'ouvrir un concours pour la présentation de projets présentant le meilleur système pour la construction des barrages, notamment en ce qui concerne le système des chasses destinées à l'écoulement des vases transportées par les eaux et qui se déposent au fond des réservoirs.

Les sytèmes appliqués jusqu'à présent sont insuffisants; mais en y regardant d'un peu près, il est facile de se rendre compte que l'on peut faire beaucoup mieux et que, de ce côté, le génie de l'homme est bien loin d'avoir dit son dernier mot. Le problème n'est pas insoluble et il est indispensable, il est urgent de faire appel à l'intelligence et au savoir des hommes spéciaux pour trouver cette solution d'un si grand intérêt dans la question de l'emmagasinement des eaux en Algérie.

Nous terminons ici l'examen des travaux publics sur l'exécution desquels repose directement la mise en valeur du sol de nos nouveaux départements français. Nous avons groupé ces travaux parce qu'ils représentent un travail d'ensemble, l'objet particulier de l'étude d'un plan général de colonisation visant cette mise en valeur.

La construction des ports sur certains points où doivent aboutir les voies ferrées, les lignes de pénétration allant du Nord au Sud, est un complément trop indispensable pour qu'il soit nécessaire d'insister sur l'utilité de l'exécution de cette catégorie de travaux.

Quant à l'éclairage de nos côtes il est aujourd'hui à peu près complet.

VIII

La conservation de nos forêts et le reboisement de nos montagnes sont deux questions qui reviennent à l'ordre du jour périodiquement, au moment où l'incendie dévore nos richesses forestières déjà si restreintes.

Pour conserver ce que nous possédons, une répression sévère, l'application d'une loi rigoureuse et spéciale aux indigènes auteurs de ces incendies qu'ils allument par malveillance ou par suite de coutumes barbares ; un personnel plus nombreux permettant une surveillance plus efficace, sont des mesures urgentes qui s'imposent si l'on veut mettre fin à cette dévastation annuelle dont la présente année vient de nous donner un si terrible exemple.

Quant au reboisement, il est bien inutile d'insister sur une question au sujet de laquelle tout a été dit. Personne n'ignore combien il importe que les terrains où les cours d'eau prennent leur origine, ne restent pas dénudés. En Algérie nous avons à réparer ce que l'imprévoyance la plus aveugle a détruit. Le mal est grand, la situation est grave, il est temps de s'engager dans l'entreprise du reboisement des bassins hydrographiques de nos rivières et d'arriver à modifier ainsi le régime des eaux de ce pays.

Pour cette question du reboisement comme pour la

mise en valeur du territoire algérien, il est indispensable de se livrer à une étude qui permette d'établir le programme des travaux à exécuter et de mesurer l'importance des crédits à ouvrir. De même qu'il convient de dresser la carte de la colonisation, de même il est nécessaire de dresser la carte du reboisement. Il est toujours sage de connaître jusqu'où s'étendent les limites de la tâche que l'on veut entreprendre, et nous considérons qu'il y a urgence à s'occuper, dès maintenant, de cette première partie d'une entreprise de longue haleine, et présentant de sérieuses difficultés d'exécution.

IX

Dans l'examen de la question de l'acquisition des terres nécessaires pour la création des centres agricoles, nous allons être conduit à formuler des propositions d'une certaine hardiesse et nous nous attendons à rencontrer des contradicteurs. Nous connaissons déjà les arguments qu'ils pourront nous opposer et nous y avons déjà répondu par avance en faisant ressortir, d'une part, que l'espace ne manque pas ; d'autre part, quelles sont les raisons impérieuses qui nous imposent de pénétrer au milieu des indigènes et d'y introduire, au moyen de l'élément français et européen, cette force productive qui, tout en constituant la force défensive, sera en même temps l'agent le plus énergique pour transformer et assimiler une population que tout autre procédé trouverait réfractaire.

Il faut donc admettre ce principe que le domaine de la colonisation est partout où la création d'un centre s'impose par des considérations d'ordre stratégique et d'ordre économique. Tout doit céder devant ces considérations, aucune raison ne peut les combattre ; elles doivent dominer partout et toujours dans toutes les résolutions à prendre ; être la règle absolue à laquelle nous devons obéir dans toutes les circonstances où nous avons à déterminer le choix des points où nous reconnaissons qu'il est nécessaire d'établir un groupe de population française.

Les villages à créer doivent, autant que possible, comporter 60 feux, avec des lots de culture de 25 à 30 hectares, et 10 feux industriels avec lots de jardins seulement ; ils doivent en outre être environnés de 20 fermes de 60 hectares chacune. Nous dirons plus loin dans quelles conditions la terre doit être attribuée.

Installé dans ces conditions, un village représente une force réelle, on peut dire qu'il est né viable. Le groupement de 4 à 500 individus travailleurs, producteurs et consommateurs permet au petit commerce, à la petite industrie de venir s'établir dans un milieu ainsi composé, et l'habitant se trouve avoir sous la main les choses indispensables pour les besoins journaliers.

Enfin, il ne faut pas perdre de vue qu'en ce qui concerne les travaux d'installation : assiette, chemins, eaux d'alimentation, édifices communaux, etc., un centre destiné à grouper 4 à 500 individus ne coûtera guère plus que s'il ne devait en réunir qu'un nombre inférieur.

Il convient donc d'abandonner le système de petits centres ; ils sont relativement très coûteux et la population qui s'y établit n'y rencontre pas les facilités ni la sécurité nécessaires.

Nous avons dû examiner ce côté de la question pour que l'on se rende mieux compte de l'étendue de l'opération consistant dans l'acquisition des terres destinées à l'œuvre de la colonisation.

A part certaines acquisitions à l'amiable qui pourront avoir lieu, l'expropriation pour cause d'utilité publique est la voie qu'il faudra suivre d'une manière générale.

Doit-on procéder au fur et à mesure des besoins, en suivant la marche en avant du mouvement de pénétration? Nous ne le pensons pas. Indépendamment de la spéculation qui suit attentivement ce mouvement et fait des acquisitions sur les points déjà connus comme étant destinés à la création de nouveaux centres, la construction des voies ferrées et des routes donne aux terres une plus-value que l'État devra payer, tout en étant l'auteur de cette plus-value.

Nous pensons qu'avant toute chose il faut étudier le programme général de mise en valeur et dresser, comme nous l'avons dit déjà, la carte de la colonisation. Sur cette carte doivent figurer tous les points où la création d'un centre agricole sera reconnue nécessaire, avec l'indication du périmètre des terres destinées aux villages projetés, aussi bien pour les créations prochaines que pour celles qui pourraient n'avoir lieu que dans 20 ans.

Les points et les surfaces étant ainsi connus, il y a intérêt pour l'État à constituer immédiatement le domaine de la colonisation, en frappant d'expropriation pour cause d'utilité publique toutes les térres dont il a besoin, avec prise de possession immédiate, tout en laissant les indigènes provisoirement locataires des terrains expropriés. On éviterait ainsi de brusquer ce mouvement de déplacement inévitable, et, en même temps, pendant une certaine période, on couvrirait en partie, au moyen du produit des locations, l'intérêt et l'amortissement des sommes dépensées pour les acquisitions.

Ces sommes formeront un chiffre considérable, mais elles resteront bien au-dessous des dépenses qui résulteraient d'acquisitions successives faites au fur et à mesure des besoins. Nous estimons qu'elles s'élèveraient du double, et même au delà.

La constitution du domaine de la colonisation ne sera pas entièrement onéreuse pour l'État; le mode d'aliénation des terres dont nous allons nous occuper permettra de rentrer dans une partie des sommes dépensées pour les acquisitions.

X

L'aliénation des terres est un sujet qui a donné lieu à

de nombreuses controverses. Le plus défectueux de tous les systèmes serait celui reposant sur un mode unique. Les terres à concéder présentent des conditions différentes et les obligations imposées aux concessionnaires ne sont pas les mêmes pour tous : la résidence personnelle est imposée, avec raison, à l'attributaire d'un lot de village ; tandis que le concessionnaire d'un lot de ferme peut se faire représenter par une famille qu'il y installe.

Le peuplement des nombreux villages que nous avons intérêt à créer ne saurait s'effectuer facilement, si l'État n'offrait pas aux populations agricoles que nous voulons y attirer, l'avantage de la gratuité de la concession. Le cultivateur français ne quittera pas son pays pour venir en Algérie, s'il doit acheter cette terre sur laquelle il aura à lutter. Nous pouvons la lui donner, sans autre obligation que celle d'y résider, cela suffit, et nous estimons qu'il la paie suffisamment en nous apportant son concours pour l'œuvre que nous entreprenons.

D'autre part, la création d'un centre, le peuplement d'un village, ont pour effet de déterminer une plus-value notable des terres réservées pour les fermes dont ce village doit être environné. Cette plus-value doit permettre à l'État de se récupérer, au moyen de la vente desdites terres de fermes, de tout ou partie du prix payé pour l'acquisition du territoire du centre agricole qu'il s'agit d'établir et de composer dans les conditions que nous avons indiquées dans le chapitre précédent.

En vertu de ces considérations, on reconnaîtra que le procédé le plus pratique est celui qui consiste dans la concession gratuite pour les terres formant les lots de culture affectés aux villages proprement dits, et la vente aux enchères des lots de fermes pour lesquels on trouvera toujours des acquéreurs à un prix bien supérieur au prix d'acquisition payé par l'État.

La concession gratuite ne saurait avoir lieu qu'en faveur de sujets français ou naturalisés français. Les acquéreurs de toutes nationalités, l'indigène excepté, peuvent être admis aux enchères pour les terres des fermes; car nous avons tout intérêt à attirer à nous, dans une proportion qui ne peut présenter aucun inconvénient, les étrangers se rendant propriétaires à deniers comptant et offrant ainsi de sérieuses garanties.

Nous ne quitterons pas ce sujet sans protester contre les abus, véritable dilapidation de la fortune publique, auxquels a donné lieu la concession des terres de fermes; Attribuées presque toujours à la faveur et à des personnes qui, sauf de rares exceptions, n'ont jamais rempli les obligations que le titre de concession leur impose, ces terres, le plus souvent des terres de choix, ont été détournées de leur véritable destination. On évitera ce gaspillage du bien de l'Etat en arrêtant que, dans aucun cas, une terre de ferme ne pourra être l'objet d'une concession gratuite, qu'elle sera vendue aux enchères; et jamais, nous pouvons l'affirmer, les enchérisseurs ne feront défaut. On obtiendra ainsi ce double résultat, de faire entrer dans les caisses du trésor public des sommes importantes, et de voir les terres acquises à titre onéreux passer dans des mains intéressées à les faire valoir et à tirer le meilleur fruit du capital engagé dans l'acquisition.

Les dispositions générales du titre de concession gratuite, notamment en ce qui concerne les garanties que doit pouvoir offrir le concessionnaire qui emprunte, doivent être l'objet d'un examen particulier. C'est un sujet sur lequel nous reviendrons ailleurs. Nous devons nous borner à signaler ici la nécessité d'apporter des modifications au décret du 30 septembre 1878 et de faire disparaître les graves inconvénients que renferment quelques-unes de ses dispositions principales; lesquelles ont eu pour effet d'entraver l'action du *Crédit foncier agricole algérien*, et contraignent le concessionnaire d'avoir encore recours à des emprunts usuraires ; c'est-à-dire à s'engager dans le chemin de la ruine.

XI

Nous arrivons à la question du peuplement sinon le plus grave, du moins la plus délicate entre toutes, et celle que l'on considère comme étant la plus difficile à résoudre.

Le cultivateur français, dit-on, est peu enclin à se déplacer, il est fort attaché au sol où il est né. Cela est parfaitement exact, mais ne saurait empêcher qu'il y ait en France un grand nombre de familles d'agriculteurs qui sont aujourd'hui dans la nécessité de se dédoubler, et dont les membres devenus trop nombreux, ne peuvent continuer à vivre tous sous le même toit, à travailler sur la même terre.

C'est un fait que nous avons constaté il y a quelques années, au moment où nous remplissions en France une mission qui nous avait été confiée par le Gouvernement général. Nous mîmes à profit l'occasion de notre séjour dans plusieurs départements pour étudier cette question au point de vue de la création, en Algérie, de villages dits départementaux ; et nous acquîmes la conviction qu'il serait facile de trouver dans chaque arrondissement de France le contingent nécessaire pour le peuplement d'un ou plusieurs villages algériens.

Il serait intéressant de voir le Député de chaque arrondissement, d'accord avec le Sous-Préfet, s'occuper de réaliser le peuplement d'un de ces villages. Si nous avions l'honneur d'être membre du Parlement et de représenter une circonscription rurale, c'est une tâche que nous entreprendrions volontiers. Nous considérerions même comme un devoir de coopérer ainsi à l'œuvre si importante entreprise par la France au Nord de l'Afrique, en facilitant l'occupation de l'un des centres dont nous aurions voté la création et dont nous aimerions à suivre le développement et les phases diverses de sa fortune.

On ne saurait trop recommander le système des villages départementaux. Non seulement il doit singulièrement faciliter ce mouvement de population que, dans une certaine mesure, il convient de diriger de la France vers l'Algérie, mais il présente aussi cet avantage de constituer des groupes homogènes ayant des liens de parenté ou de voisinage ; de former une unité et cette force de cohésion que ne peut posséder la population d'un village venue de tous les points de la France.

Deux villages en Algérie ont été peuplés d'après ces procédés : Vesoul-Bénian et Bois-Sacré. L'un situé sur un plateau très élevé, à quelque distance de Milianah ; l'antre dans la partie basse de la vallée du Sebaou, à 9 kilomètres de Dellys ; c'est-à-dire dans des situations essentiellement différentes comme exposition, comme climat et comme nature de terres. Ils ont tous deux réussi rapidement et d'une manière fort remarquable. Ils fournissent l'exemple le plus frappant, la démonstration la plus vigoureuse en faveur de cette méthode de peuplement dont il est impossible de nier les avantages.

La création du village de Bois-Sacré, ou pour mieux dire Abboville pour rappeler le nom de son fondateur, remonte seulement en 1872. La population qui occupe ce centre, venue du département des Alpes-Maritimes et des environs de Menton, ne possédait lors de son arivée que de très maigres ressources pécuniaires. Elle s'est installée dans des baraques qui lui ont été fournies à crédit. Aujourd'hui non-seulement ces baraques sont payées, mais elles ont toutes disparu et les bois dont elles étaient faites, ont servi à la construction des maisons à rez-de-chaussée et 1er étage qui les ont remplacées. Le village comporte actuellement 80 maisons en maçonnerie, possède 600 têtes de gros bétail, 400 têtes de petit bétail et l'année dernière il a livré sur le marché de Dellys 12,000 quintaux de grains.

Il est un autre fait digne de remarque que nous avons pu constater et qu'il est intéressant de signaler.

Les terres formant actuellement le territoire du village d'Abboville proviennent du séquestre dont a été frappée une tribu voisine et qui prit part à l'insurrection de 1871. La population de cette tribu forcée de vivre et de travailler désormais sur un espace plus restreint a-t-elle été appauvrie ? non, elle a fait de nécessité vertu, elle a su tirer un meilleur parti de la terre qui lui a été laissée, elle a apporté son concours à la population nouvelle qui s'est installée auprès d'elle, elle a appris à mieux utiliser son temps, à travailler mieux, elle a acquis plus de bien-être ; en un mot elle s'est améliorée moralement et maté-riellement.

Ce n'est donc pas sans raison que nous avons dit plus haut que la question du peuplement est tout à la fois fort grave et fort délicate. On peut voir quels sont les résultats que l'on obtient lorsqu'on procède avec métho-de. L'importance des résultats à obtenir, les sacrifices que nous avons à faire pour résoudre cette question, nous commandent d'en faire l'objet d'une sérieuse étude, de ne plus faire de la colonisation à bâtons rompus et d'a-bandonner les procédés défectueux généralement suivis jusqu'à présent, et dont on peut voir les effets précise-ment en face d'Abboville, sur la rive droite du Sebaou, au village de l'Oued-Keddache presqu'entièrement aban-donné à l'heure qu'il est.

Tout en s'appliquant à faire occuper les centres à créer par une population homogène, il serait cependant avantageux de réserver, dans chaque village quelques lots pour les Algériens appartenant à la population agricole déjà anciennement établie et où se rencontre également des familles qui, elles aussi, sont de la nécessité de se dédoubler. Ce contingent apporterait aux nouveaux venus l'expérience acquise et la connaissance des hommes et des choses de ce pays. Depuis quelque temps l'Administration supérieure a presque systématiquement exclu les Algériens des attributions territoriales ; c'est tout à la fois une maladresse et une injustice.

XII

Nous touchons à la fin de cette étude dans laquelle nous avons successivement examiné toutes les questions se rattachant directement à cette vaste entreprise de la mise en valeur du territoire des nouveaux départements français au Nord de l'Afrique. Il nous reste quelques mots à dire touchant le système administratif de l'Algérie que des décrets récents viennent de modifier, en rattachant à leurs Ministères respectifs tous les services de l'Administration générale dont les plus importants étaient concentrés entre les mains d'un Gouverneur.

Ces rattachements doivent être considérés comme une excellente mesure qui met fin à une centralisation excessive, à l'omnipotence d'un haut fonctionnaire ; établit les responsabilités, et aura pour effet, nous l'espé- du moins, de mettre de l'ordre dans une Administration restée jusqu'à présent sans contrôle.

Ce n'est qu'une demi mesure, cependant ; elle ne sera complète qu'autant que l'on aura procédé à une nouvelle division départementale, constitué 7 départements au lieu de trois, étendu les attributions des Préfets ; et, lorsque le moment sera venu, supprimé le Gouvernement Général, cette institution qui a éu et peut avoir encore pendant quelque temps, sa raison d'être, mais dont nous voudrions voir l'Algérie en état de se passer.

Dans tous les cas, on ne saurait, sans préjudice, tarder à réduire l'étendue des divisions départementales. Il est difficile d'admettre que, dans un pays où l'Administration est plus compliquée qu'en France, où tant de choses sont à étudier et à créer, l'on continue à confier à un seul Préfet, le soin d'administrer un département dont la superficie dépasse 5 millions d'hectares, comme celui de Constantine par exemple.

Le surcroît de dépenses que nécessitera la création de nouvelles préfectures sera très largement compensé par les économies qui résulteront d'une administration mieux à même de bien diriger et de contrôler l'action des fonctionnaires et agents placés sous les ordres des Préfets.

Enfin, si la direction des études et de l'exécution du réseau des voies ferrées et des routes nationales en Algérie est désormais rentrée exclusivement dans les attributions du Ministère des Travaux publics, le Ministère de l'Intérieur conserve le service de la colonisation. Or, ce sont les Préfets avec le personnel placé sous leurs ordres qui devront être chargés, chacun pour leur département, de l'étude d'un plan de colonisation devant former l'une des fractions du plan d'ensemble que le Gouvernement devrait soumettre le plus tôt possible au Parlement et lui en proposer l'exécution.

L'organisation départementale actuelle ne permettrait pas d'accomplir avec le soin nécessaire une tâche aussi importante et en même temps si difficile. L'étude et l'exécution d'une aussi vaste entreprise réclament impérieusement une plus grande division dans le travail ; cela se comprend aisément sans qu'il soit besoin d'argumenter plus longuement en faveur de la décision qu'il convient de prendre à ce sujet.

XIII

Ici, se termine la tâche que nous nous sommes donnée de mettre en lumière les côtés saillants de la question algérienne, et d'indiquer les voies à suivre pour conduire rapidement vers ses véritables destinées un pays qui n'est rien moins qu'une colonie, mais forme bien réellement un prolongement de la France.

Quelques-uns, sans méconnaître l'utilité de mettre en valeur ce vaste territoire si rapproché de la Métropole, pourront considérer nos propositions comme un peu hardies et émettre l'opinion qu'il y aurait quelque danger à aller trop vite.

Nous répondrons que le véritable danger consiste dans cette hésitation érigée en système pour tout ce que nous avons entrepris en Algérie et qui s'applique à sa transformation. Nous reconnaissons qu'il a été fait beaucoup, mais c'est peu en raison de ce qui est à faire. Nous le répétons, nous sommes, sous ce rapport, restés au-dessous de nous-mêmes. Qu'on veuille bien ne pas perdre de vue que, pour l'Algérie, le mouvement d'importation et d'exportation dont la marche ascendante ne s'est jamais arrêtée, s'est élevé, l'année dernière, à près de 500 millions, et que ce chiffre peut permettre d'entrevoir quel rôle ce pays est appelé à remplir, si l'on s'applique à développer sa puissance de production en facilitant l'accès du grand champ de travail que la France s'est ouvert devant elle.

Nous avons dit que la mise en valeur du territoire algérien entraînerait une dépense pouvant s'élever à 1 milliard. Lorsque cette entreprise sera achevée, la France aura chargé son budget annuel d'une somme d'environ 55 millions pour le service des intérêts et de l'amortissement du capital dépensé. Cette somme n'est-elle pas en rapport avec les avantages à recueillir aussi bien au point de vue politique qu'au point de vue commercial, agricole et industriel. On ne pourrait, sans nier l'évidence, songer à se prononcer contre cette affirmation.

Le Parlement a donc pour devoir de demander que la question soit ainsi étudiée, et de voter les crédits nécessaires pour que cette étude soit entreprise et poursuivie sans délai, puisque seule elle peut servir de guide pour arrêter les résolutions à prendre.

Jusqu'à présent, le Parlement s'il ne s'est pas absolument désintéressé des affaires de l'Algérie, ne s'en est occupé que d'une manière distraite pour ainsi dire. Les questions politiques qui viennent de surgir vont forcer son attention et le moment est venu où vont apparaître dans toute leur importance les questions d'ordre économique, car les unes et les autres se lient étroitement.

Il y a 4 ou 5 ans, il avait été proposé de former au sein de la Représentation Nationale, une commission parlementaire chargée spécialement de l'étude de la question algérienne, et dont l'honorable M. Gambetta devait être le président. C'était avant le coup d'Etat du 16 Mai, et les événements qui suivirent ne permirent pas qu'il fut donné suite à une proposition sur laquelle il serait aujourd'hui fort opportun de revenir.

La France s'est créé de ce côté-ci de la Méditerrannée de trop grands intérêts pour que le Parlement ne suive pas très attentivement ce qui s'y fait et n'étudie pas avec un soin tout particulier ce qui est à faire.

C'est en prévision de la reconstitution de cette Commission que nous avons entrepris la rédaction de ce travail, et nous croyons bien faire en le dédiant aux mandataires du pays.

Alger, le 17 octobre 1881.

A. THOMAS.

ALGER — IMPRIMERIE F. CASABIANCA, RUE DU COMMERCE, 7